4-6 JAHRE

D1718789

# SCHATZSUCHE

Schnitzeljagd Kindergeburtstag/Halloween Hexen 4-6 Jahre | Abwechslungsreiche kreative Rätsel & Spiele. Zutaten sammeln, Zaubertrank brauen, Schatz finden. Sofort startklar!

# SCHATZKARTE

① 

② 

③ 

④ 

⑤ 

⑥ 

⑦

# Ausschneiden Spielen Spaß haben

### Krötenschleim und Fliegendreck –
### Wer hat meine Zutaten versteckt?

Bald schlägt es 12 und es ist Geisterzeit, doch kein Zaubertrank steht bereit!
Wo sind die Zutaten bloß? Das fragt sich die kleine Hexe Flatterschreck.
Nur in dieser Nacht kann die kleine Hexe Flatterschreck den Zaubertrank
brauen, der ihr besondere Zauberkräfte verleiht.

### Diese Schnitzeljagd ist abwechslungsreich und spannend zugleich.

Die Kinder erhalten eine Geschichte und finden einen Beutel mit der Schatzkarte.
Sie lösen die Rätsel, bewältigen die Spielaufgaben, sammeln die Zutaten und mixen das Hexengebräu.
Erst wenn
- alle Stationen gefunden,
- die Rätsel gelöst,
- der Zaubertrank gebraut und
- der Zauberspruch aufgesagt wurden,

beginnen die Zutaten mit ihrer Zauberkraft zu wirken.

## Mit QR-Code für Gratis Downloads!

Den Code finden Sie auf Seite 72
Viel Freude dabei!

ZUTATEN finden
ZAUBERTRANK brauen
ZAUBERSPRUCH aussprechen
SCHATZ erhalten

✓ Zaubertrank-Rezept
✓ Etikettenvorlagen
✓ Zauberspruch
✓ Bastelanleitung Zauberstab

# Herzlich Willkommen!

**Liebe Mamas und Papas der Schnitzeljäger-Kinder!
Mit diesem Anleitungsheft organisieren Sie im Nu
entspannt und stressfrei Ihre Feier von A bis Z.**

Zuerst einmal Herzlich Willkommen und viel Freude bei der Organisation der Schnitzeljagd. Mit dieser Schatzsuche halten Sie ein Rundum-Sorglos-Paket für eine gelungene Schnitzeljagd in den Händen. Diese Schatzsuche gelingt mit Sicherheit und braucht nur wenig Vorbereitungszeit. Sie brauchen nicht viel Zeit und Energie in die Vorbereitung stecken, damit das Fest ein voller Erfolg wird. Sie können also sofort loslegen und diese einfach schnell bei sich zuhause umsetzen. Somit haben Sie das Highlight für die Feier bereit. Sie werden sehen, wie das Abenteuer alle Kinder bezaubert und die Feier zu einem unvergesslichen Erlebnis macht.

- Eine Geschichte, die durch diese Schatzsuche von Anfang bis zum Ende führt
- Die Schatzsuche Schnitzeljagd ist auf die jeweilige Zielgruppe abgestimmt
- Zusätzliche Teamspiele, die die Gemeinschaft stärken
- Rätsel- und Spielaufgaben sind kombiniert, damit es nicht langweilig wird
- Geplant für 8 Kinder (Bonus-QR-Code für weitere Einladungen, Diplome zum Downloaden)
- Einladungen vorgefertigt und als Ausmalvorlage zum Selbstgestalten
- Schatztruhe mit Lösungscode zum Aufkleben
- Diplom mit einer Abschluss-Diplomprüfung

- Rezept für Zaubertrank
- Etiketten vorgefertigt und oder zum Selbstgestalten
- Zauberstab-Bastelanleitung

Impressum
Bravo Birgit, Satteltal 79, 4871 Zipf, Austria
ISBN: 9798848489828
Bildnachweise: www.creativefabrica.com , Schatzkarte: istockphoto.com branca_escova
Independently Published. Alle Rechte sind vorbehalten.
© 2022 Bravo Birgit

# Inhalt

Legende:

 Info

 Ausschneiden & Spielen

# Vorbereitung

| EINIGE TAGE VORHER | Seite | |
|---|---|---|
| **1.** Die **EINLADUNGSKARTEN** werden ca. 1 bis 2 Wochen vor der Feier an die Gäste verteilt. Sie finden eine **EINLADUNGSLISTE**, eine Einladung zum Selbstmalen und 8 vorgedruckte Einladungen in diesem Buch. Mit dem QR-Code können Sie weitere Einladungen downloaden. | Karten | S 50 |
| | QR-Code | S 72 |
| **2.** Schneiden Sie die **SCHATZKARTE** aus und verstecken Sie diese an der ersten Station. Ein kleiner Tipp: Wenn Sie das Rätsel etwas schwerer machen wollen, dann zerschneiden Sie die Karte wie ein Puzzle in mehrere Teile. | Schatzkarte | S 15 |
| **3.** Schneiden Sie die **ETIKETTEN** aus und kleben Sie diese auf die Zutaten. Schneiden Sie die **RÄTSEL** aus und verstecken Sie diese gemeinsam mit den Zutaten an verschiedenen Stellen. Beispiele für **VERSTECKE** finden Sie in diesem Buch. Tragen Sie die Verstecke in die **VERSTECKLISTE** ein. | Etiketten | S 8 |
| | Rätsel | S 17 |
| | Verstecke | S 70 |
| **4.** Jedes Kind erhält nach der Schatzsuche eine **URKUNDE.** Auch diese Ausschneiden und die Namen der Kinder eintragen. Mit dem QR-Code können Sie weitere Urkunden downloaden. | Urkunde | S 33 |
| | QR-Code | S 73 |
| **5.** Basteln Sie die **ZAUBERSTÄBE**. Schneiden Sie das **REZEPT / ZAUBERSPRUCH** aus und geben Sie die Gegenstände gemeinsam mit dem Schatz in die Truhe. Kleben Sie den Lösungscode auf die Truhe, damit die Kinder das Schloss mit ihren Ergebnissen vergleichen und somit öffnen können. Die Zauberstäbe sind nicht zwingend erforderlich, wenn man nicht gerne bastelt. | Rezept | S 13 |
| | Code | S 73 |
| | Zauberstab | S 49 |

# SpieLanLeitung

| AM GLEICHEN TAG | Seite |
|---|---|
| **7.** Legen Sie **WEGMARKIERUNGEN,** die zum nächsten Versteck führen. Sie können die Kärtchen zum Beispiel an Bäumen oder Wänden entlang der Route befestigen. Sie können auch selbstgemachte Wegweiser auf den Boden legen (zB bemalte Steine). | Wegweiser  S 41 |

| SCHATZSUCHE | Seite |
|---|---|
| **8.** Es geht los! Lesen Sie die **GESCHICHTE** vor. Sie beschreiben am Ende der Geschichte das Versteck des ersten Rätsels. Sobald die Schatzkarte gefunden wurde, beginnt die Schatzsuche. Einen Hinweis auf die Stationen können Sie auf den dafür vorgesehenen Platz auf der Rückseite der Schatzkarte bzw. der Rätsel schreiben. | Geschichte  S 12 |
| **9.** Die Kinder finden das **ERSTE VERSTECK**, bestehen gemeinsam die **PRÜFUNGEN**, lösen das **RÄTSEL**, Basteln oder Malen die Aufgabe und finden einen Hinweis auf das nächste Versteck. Haben die Kinder das Rätsel gelöst, dann tragen sie das **ERGEBNIS IN DIE SCHATZKARTE** ein. Hinweise zum nächsten Rätsel tragen Sie als Organisator jeweils auf der Rückseite der einzelnen Rätsel ein. | Rätsel  S 17 |
| **10.** **GESCHAFFT!** Die Kinder finden den **SCHATZ** und teilen sich diesen auf. Für Ihre Verdienste erhalten Sie eine **URKUNDE**. | |

**Eine komplette Spielübersicht finden Sie auf Seite 11.**

# Zusatzmaterial Aufgabenliste

**ZUTATENLISTE FÜR DIE EINZELNEN STATIONEN (HALLOWEEN-ZAUBERTRUNK)**
**STATION 1:** Haribo Frösche
Etikett: Schleimige Froschschenkel
**STATION 2:** 1L Apfelsaft
Etikett: Glitschiger Augapfel
**STATION 3:** Haribo Würmer
Etikett: Ekelige Wurmattacke
**STATION 4:** 1L Orangensaft
Etikett: Oranges Spinnen-Lu-Lu
**STATION 5:** Etwas Zucker
Etikett: Zerbröseltes Zombiegehirn
**STATION 6:** grüne Lebensmittelfarbe oder Sirup (Heidelbeere, Pflaume)
Etikett: Flüssiger Geist
**STATION 7:** 1 Zitrone
Etikett: Saurer Monsterzisch

## ALLGEMEIN

- Kuvert für die Einladung (wenn gewollt)
- Schere, Stifte, Klebstoff
- Schatztruhe (Holztruhe)
- Inhalt für die Schatztruhe

## GESCHICHTE

- Beutel, in dem die Schatzkarte versteckt ist
(Der Beutel wird benötigt, um die Zutaten von den einzelnen Stationen für den Zaubertrank zu sammeln.)

## STATION 3

- Benötigt werden 5 Kuscheltiere, Haribowürmer
Im Raum werden 5 Kuscheltiere, die in Wahrheit echte Kuschelmonster sind, gemeinsam mit der Zutat „Haribo-Würmer" und dem Rätsel versteckt. Tipps wie ‚heiß' und ‚kalt' sind erlaubt. Alle Kuschelmonster und natürlich die Zutat müssen gemeinsam gefunden werden.

## STATION 5

- Spiel „Lachen verboten" - Sessel (Anleitung finden Sie auf dem Blatt Station 5)

## STATION 6

Das Rätsel 6 ist 2x enthalten. Die Zutat bei dieser Station färbt das Hexengebräu. Rätsel 6.1 ist ausgelegt auf GRÜN: Daher benötigen Sie hier eine grüne Lebensmittelfarbe. Wer das Künstliche nicht mag, der verwendet zur Färbung einen lila Sirup - zb Heidelbeer. Daher finden Sie Rätsel 6.2.

## STATION 7

- Zitrone, Zahnstocher
Blindverkostung - Die Kinder bekommen alle ein Stück Zitrone in den Mund.

## ZAUBERSTÄBE

- Zauberstäbe: Benötigt wird bunte und glitzernde Wolle, eine Schere, stabile Äste (ca. 30cm lang), eventuell eine Heißklebepistole und Perlen bzw. andere Deko

## ZAUBERTRANK

- Großer Kochtopf, in dem die Kinder alle Zutaten zusammenbrauen können
- Getränkebecher + Schopflöffel

Fertige Etiketten zum Ausschneiden

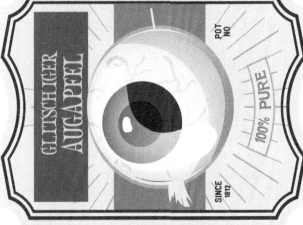

Wenn Sie selbst Etiketten gestalten möchten, dann verwenden Sie diese Seite.

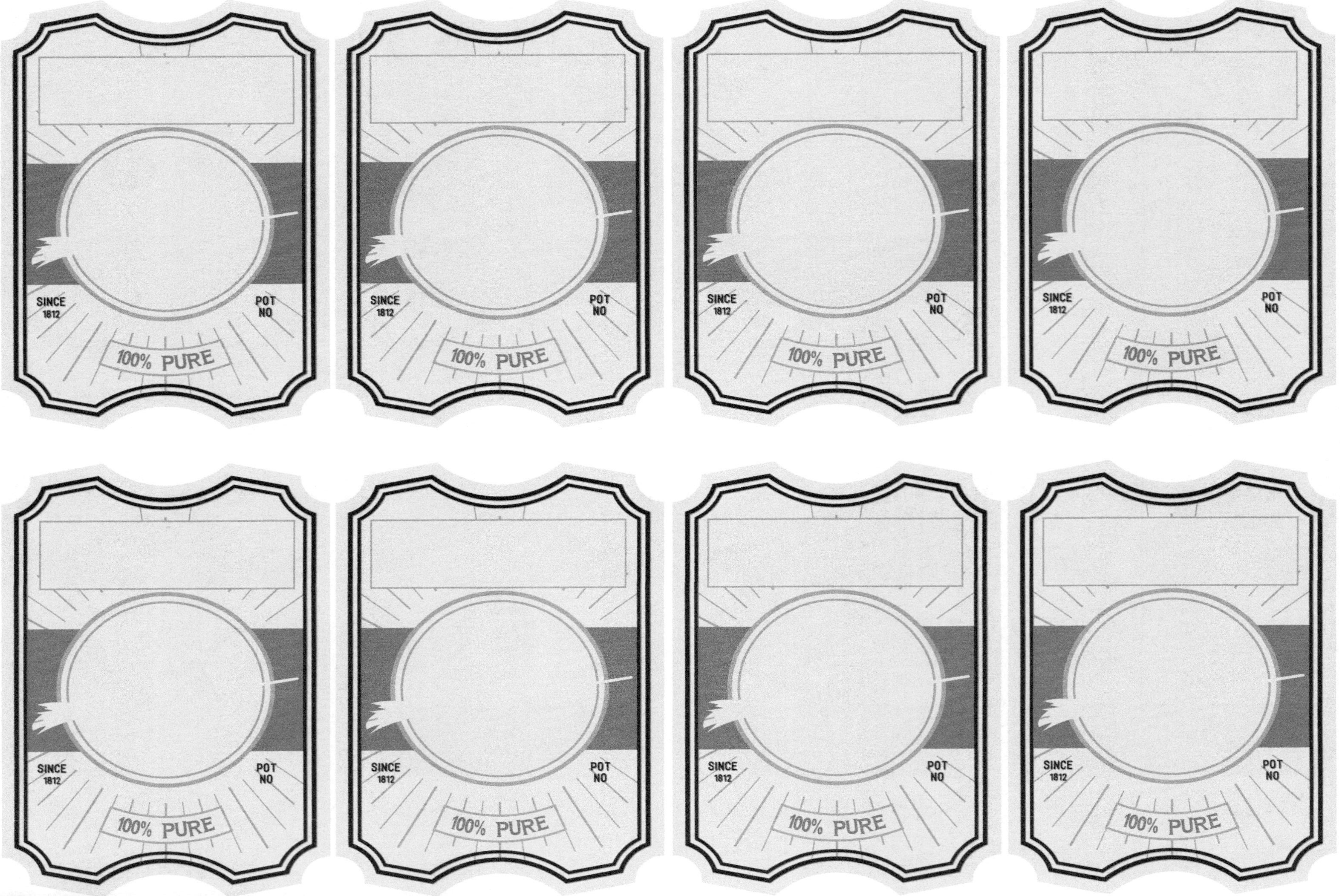

100% PURE

POT NO

SINCE 1812

100% PURE

POT NO

SINCE 1812

100% PURE

POT NO

SINCE 1812

100% PURE

POT NO

SINCE 1812

100% PURE

POT NO

SINCE 1812

100% PURE

POT NO

SINCE 1812

100% PURE

POT NO

SINCE 1812

100% PURE

POT NO

SINCE 1812

# Spielübersicht

Sie bereiten eine von Ihnen gewählte Route mit 9 Stationen vor:
Eine für die Schatzkarte, 7 für die Rätsel und die letzte für die Schatzkiste.
Diese Übersicht hier gibt Ihnen einen Gesamtüberblick über die Schatzsuche.
Den Weg dazwischen markieren Sie mit den Wegweisern. Viel Erfolg!

**START:**
Geschichte

**1. STATION:**
Schatzkarte

**2. STATION:**
Zählaufgabe

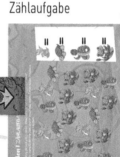

**3. STATION:**
Suchbild-Rätsel

**4. STATION:**
Spielaufgabe

**5. STATION:**
Illusion & Täuschung

**6. STATION:**
Spielaufgabe

**7. STATION:**
Ratespiel

**8. STATION:**
Fehlerbildrätsel
mit Blindverkostung

**LETZTE STATION**
Schatzkiste mit Zauberstäbe, Rezept, Zauberspruch
Überreichen der Urkunden

**ZAUBERTRANK BRAUEN**

Zum Abschluss
Diplom erhalten

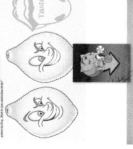

Das Rezept/Zauberspruch gemeinsam mit den Zauberstäben (Seite 73) in die Schatzkiste geben.

# Geschichte

**Krötenschleim und Fliegendreck – Wer hat meine Zutaten versteckt?**

Bald schlägt es 12 und es ist Geisterzeit, doch kein Zaubertrank steht bereit!
Wo sind die Zutaten bloß? Das fragt sich die kleine, freche Hexe Flatterschreck.
Nur in dieser Nacht kann die kleine Hexe Flatterschreck den Zaubertrank brauen,
der besondere Zauberkräfte verleiht. Ihr fragt euch jetzt bestimmt, welche Zauberkräfte das sind!?
Das ist ganz einfach! Vor langer Zeit, als es auf dieser Welt noch Drachen, Geister, Hexen, Magier, Elfen und
andere Zauberwesen gab, vertraute die alte Hexenmutter ihrer Tochter Flatterschreck ein Geheimrezept für
einen Zaubertrank an. Nur mit diesem Zaubertrank wurde man so stark und schlau,
dass man die Truhe zum Schatz der Hexianer öffnen konnte.

Flatterschreck ahnt Schreckliches. Sie denkt, dass die Hexianer das Rezept gestohlen und die Zutaten
versteckt haben. Die Hexianer sind ganz furchtbar gemeine Geister - Oje, Oje, Ojemine!
Die Hexe hat richtig gedacht! Die Hexianer haben tatsächlich das Rezept in der Truhe fest verschlossen!
Was für ein Glück, das so viele kleine Geister hier sind, die ihr jetzt helfen können.

Wenn ihr also den Mut habt, der Zauberwelt zu beweisen, dass auch in euch etwas
Magisches verborgen ist, dann findet die 7 Zutaten und braut den
Zaubertrank. Doch das wird nicht so einfach wie ihr denkt. Ihr
müsst dazu erst 7 Prüfungen bestehen. Jede bestandene Prüfung
bringt euch eine Zutat, die ihr im Hexenkessel zusammen mixen
müsst. Whooo ... whooohooohooo ... Hört ihr auch die Geister
rufen? Schnell findet alle Zutaten und braut den Zaubertrank!
Er muss zischen, blubbern, spritzen, stinken und natürlich alle
geheimen Zutaten beinhalten.

Kinder, seid ihr bereit, jetzt gemeinsam mit Hexe Flatterschreck
dieses Abenteuer zu bestehen? Doch wo sollen wir anfangen
zu suchen? Vielleicht hat uns die kleine Hexe eine Karte
hinterlassen? Könnt' ihr sie irgendwo entdecken?
Schaut mal, ich glaube, ihr findet sie ...
*(Hinweis auf das erste Versteck).*

# ZAUBERTRANK rezept

## ZUTATEN FÜR DEN ZAUBERTRANK

Schleimige Froschschenkel *(Haribo Frösche)*
Glitschiger Augapfel *(1 L Apfelsaft)*
Ekelige Wurmattacke *(Haribo Würmer)*
Oranges Spinnen-Lu-Lu *(1 L Orangensaft)*
Zerbröseltes Zombigehirn *(Etwas Zucker)*
Flüssiger Geist *(Lebensmittelfarbe oder Sirup)*
Saurer Monsterzisch *(Zitronensaft)*

## ZUBEREITUNG

Kippt zuerst den Glitschigen Augapfel *(1 L Apfelsaft)* in den Kessel.
Danach gebt das orange Spinnen-Lu-Lu *(1 L Orangensaft)* hinzu.
Vorsichtig quetscht ihr den sauren Monsterzisch *(1 Zitrone)* aus.
Jetzt gebt ihr das zerbröselte Zombiegehirn *(etwas Zucker)*
und den flüssigen Geist *(Sirup)* hinzu. Gut umrühren!

Danach sind die schleimigen Froschschenkel *(Haribo Frösche)* und
die ekelige Wurmattacke *(Haribo Würmer)* dran. Oh, Mann!
Lasst es zischen, blubbern, spritzen und stinken!
Ihr müsst jetzt den Zauberspruch entschlüsseln.
Diesen findet ihr auf der Rückseite.

# ZAUBERSPRUCH

Super gemacht! Ihr habt es geschafft! Wie heißt der
Zauberspruch? Sprecht den Zauberspruch gemeinsam laut
aus. Denn ihr wisst ja: Nur gemeinsam sind wir stark!

# KRÖTENSCHLEIM
# UND FLIEGENDRECK.
# DER ZAUBER
# IST GEWECKT
# UND DER SCHATZ
# VON UNS ENTDECKT.

# SCHATZKARTE

① 

② 

③ 

④ 

⑤ 

⑥ 

⑦

# SCHATZKARTE

## Ihr habt die Schatzkarte zum Glück entdeckt!

Löst jetzt die 7 Aufgaben, sammelt die Zutaten und schreibt nach jeder Station die Lösung in die Karte. Am Schluss ergeben alle Lösungen einen Geheimcode, mit dem ihr die Kiste öffnen könnt. Stimmt der Code mit dem auf der Truhe überein? Keine Sorge, es müssen mindestens nur 5 Rätsel gelöst sein.

## So findet ihr die erste Station:

_____

_____

_____

_____

_____

# Station I ZÄHLAUFGABE

Die erste Prüfung gibt euch wohl zu denken. Worauf solltet ihr eure Konzentration jetzt lenken?
Ihr erhaltet die Lösung für die erste Zutat, wenn ihr herausfindet, welches Tier am meisten zu sehen ist.
Zeichnet oder schreibt das Lösungswort in die Karte.

## So findet ihr die nächste Station:

_____

_____

_____

_____

_____

_____

_____

# Station 2 SUCHBILD-RÄTSEL

Hexenbein und Krötenschleim! Was mag das hier für eine Zutat sein?

Ein kleiner Hinweis: Es ist klein, rot, gesund, wächst auf Bäumen und hat sich hier im Bild versteckt.

Habt ihr es gecheckt? Verbindet dann die beiden Bilder unten und macht daraus ein Wort. Wie heißt es?

GESUCHTES BILD

# So findet ihr die nächste Station:

_____

_____

_____

_____

_____

_____

PLATZ FÜR EINE SKIZZE BZW. PLAN

# Station 3 SPIELAUFGABE

**Diese Zutat hat es euch jetzt nicht leicht gemacht!
Sie hat sich gemeinsam mit einigen Kuschelmonstern
gut versteckt. Ja, welche Zutat hat sich das wohl ausgeheckt!?**

## DIESE AUFGABE GEHT SO:

Es haben sich 5 Kuscheltiere, die in Wahrheit echte
Kuschelmonster sind, hier irgendwo gemeinsam
mit der magischen Zutat und dem Rätsel versteckt.
Los geht's!

Erst wenn ihr alle Kuschelmonster und natürlich
die Zutat gefunden habt, dürft ihr weiterziehen.
Haltet zusammen, denn nur gemeinsam könnt ihr die Aufgabe
schaffen und natürlich habt ihr so am meisten zu Lachen!

**Welche Zutat hat sich versteckt?**
**Schreibt oder zeichnet die Lösung in die Karte, packt sie
in den Beutel und macht euch auf zur nächsten Station.**

## So findet ihr die nächste Station:

_____

_____

_____

_____

_____

_____

**PLATZ FÜR EINE SKIZZE BZW. PLAN**

# Station 4 ILLUSION & TÄUSCHUNG

Diese Zutat ist nicht einfach zu finden. Ihr müsst genau schauen und
so manche Täuschung überwinden. Erkennt ihr die Zutat, die zu euch spricht?
Wisst ihr, welche hier heraus sticht? Zeichnet das Symbol oder schreibt das Wort in die Karte.

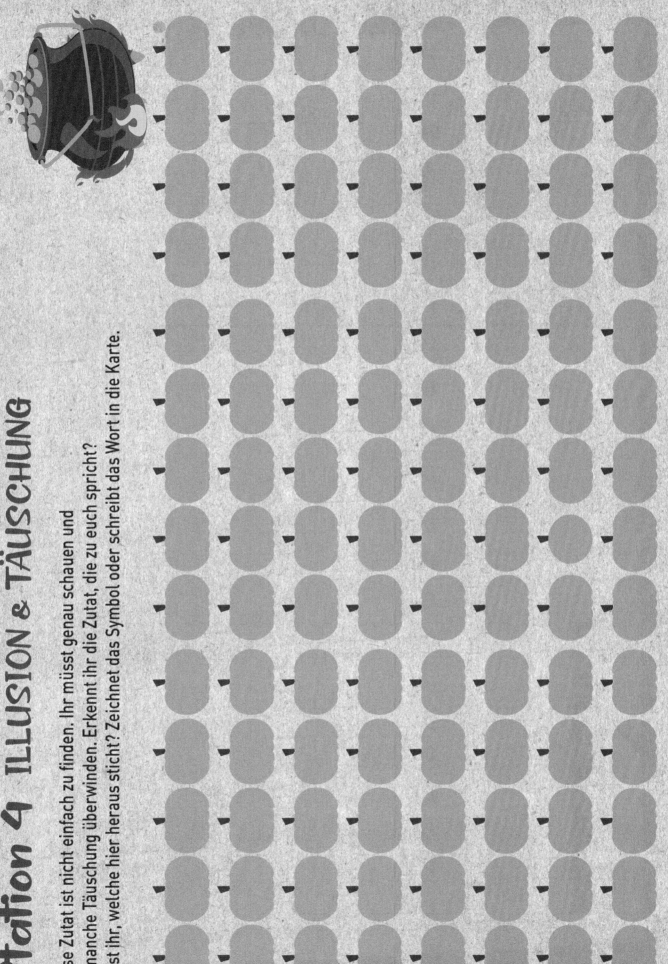

## So findet ihr die nächste Station:

_____

_____

_____

_____

_____

_____

**PLATZ FÜR EINE SKIZZE BZW. PLAN**

# Station 5 SPIELAUFGABE

Lachen verboten! Dieses Spiel darf euch nicht zum Lachen bringen, sonst kann euch diese Zutat hier entrinnen. Liebes Geburtstagskind (oder ein Kind eurer Wahl), setze dich jetzt auf einen Stuhl. Die anderen versammeln sich nun vor dir und jeder hat 1 Minute Zeit, dich zum Lachen zu bringen. Du darfst jetzt auf keinen Fall Lachen! Auch nicht bei diesen komischen Sachen, die die anderen gleich machen werden. Auf die Plätze - Fertig - Los! Schneidet Grimassen und Blödeleien, was das Zeug hält!

**Nach diesem Spiel - und das ist nicht viel - löst das Rätsel hier: In einem Mund versteckt sich was.**

**Was ist das, dass die Zähne so kaputt macht?** Malt oder schreibt das gesuchte Wort in die Karte.

## So findet ihr die nächste Station:

_____

_____

_____

_____

_____

_____

# Station 6 RATESPIEL

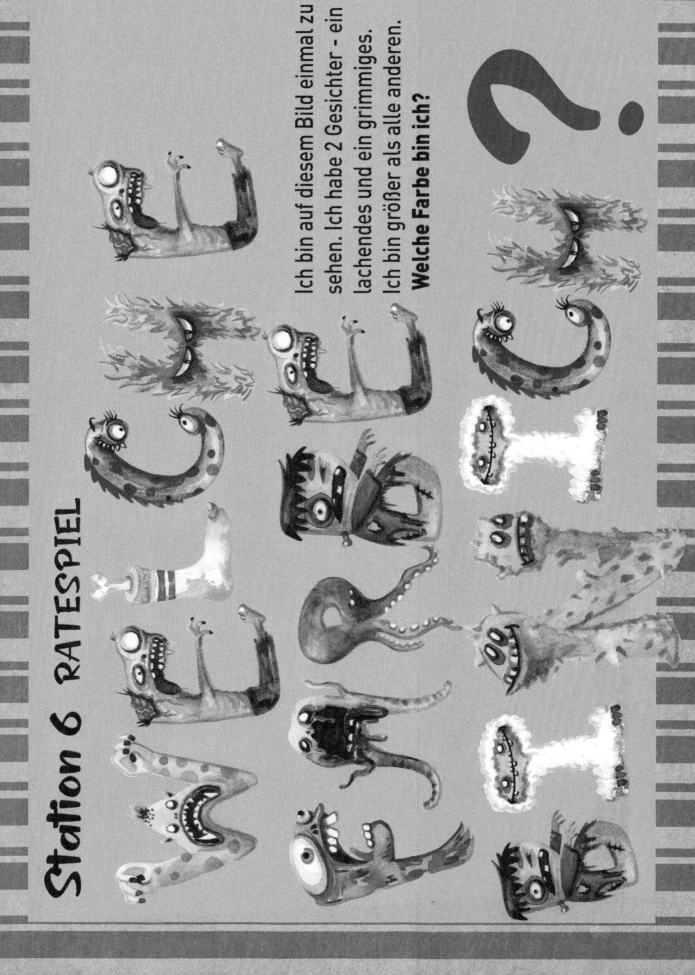

Ich bin auf diesem Bild einmal zu sehen. Ich habe 2 Gesichter – ein lachendes und ein grimmiges. Ich bin größer als alle anderen. **Welche Farbe bin ich?**

?

## So findet ihr die nächste Station:

_____

_____

_____

_____

_____

_____

_____

PLATZ FÜR EINE SKIZZE BZW. PLAN

# Station 6 RATESPIEL

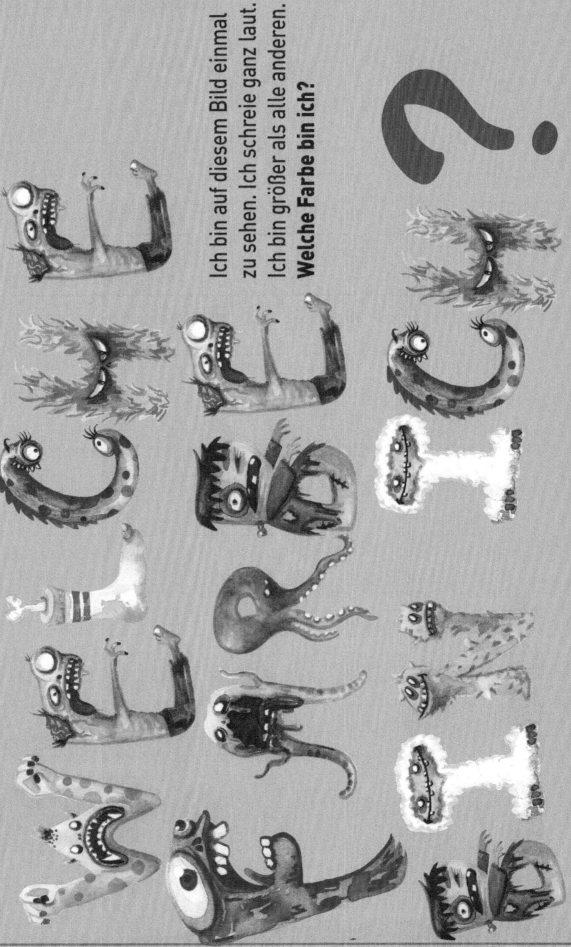

Ich bin auf diesem Bild einmal zu sehen. Ich schreie ganz laut. Ich bin größer als alle anderen. **Welche Farbe bin ich?**

## So findet ihr die nächste Station:

_____

_____

_____

_____

_____

_____

_____

PLATZ FÜR EINE SKIZZE BZW. PLAN

# Station 7 FEHLERBILD-RÄTSEL & BLINDVERKOSTUNG

Welche Zutat kann das hier sein? Ist es eine Zitrone oder ist das das nur zum Schein?
Macht zuerst das Rätsel und findet die 5 Fehler. Wenn ihr das geschafft habt,
dann macht die Augen zu und den Mund jetzt auf. Jeder kommt einmal dran und
probiert das Ding: „Wisst ihr jetzt, welche Zutat ich bin?"

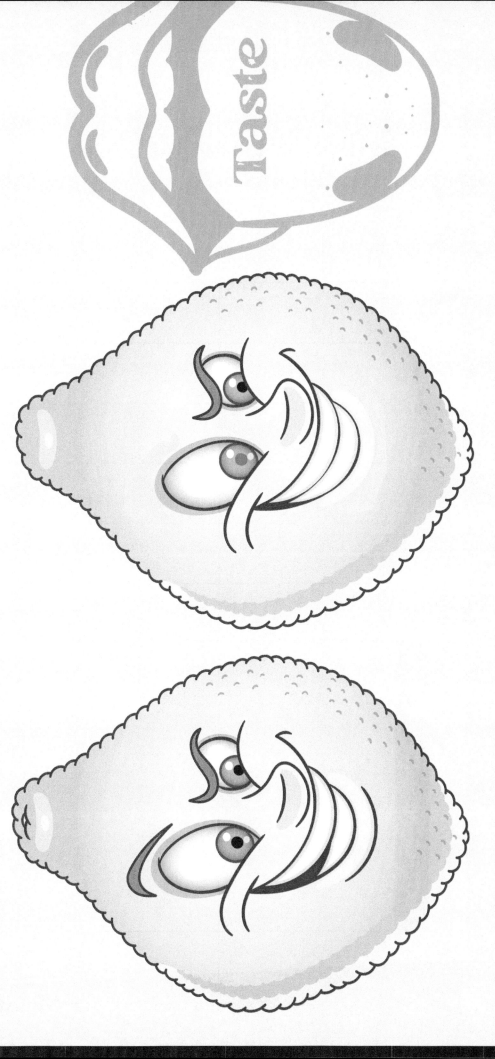

# So findet ihr die nächste Station:

_____

_____

_____

_____

_____

_____

_____

# diplom

Herzlichen Glückwunsch, nach deinem mutigen Eintauchen in die Welt von Hexen und Zauberern bist du nun ein/e wahrhaft zauberhafte/r Gruselforscher/in. Deine freche Hexe Flatterschreck

Ort, Datum

# diplom

Herzlichen Glückwunsch, nach deinem mutigen Eintauchen in die Welt von Hexen und Zauberern bist du nun ein/e wahrhaft zauberhafte/r Gruselforscher/in. Deine freche Hexe Flatterschreck

Ort, Datum

# diplom

Herzlichen Glückwunsch, nach deinem mutigen
Eintauchen in die Welt von Hexen und Zauberern
bist du nun ein/e wahrhaft zauberhafte/r Grusel-
forscher/in. Deine freche Hexe Flatterschreck

Ort, Datum

# diplom

Herzlichen Glückwunsch, nach deinem mutigen
Eintauchen in die Welt von Hexen und Zauberern
bist du nun ein/e wahrhaft zauberhafte/r Grusel-
forscher/in. Deine freche Hexe Flatterschreck

Ort, Datum

# diplom

Herzlichen Glückwunsch, nach deinem mutigen
Eintauchen in die Welt von Hexen und Zauberern
bist du nun ein/e wahrhaft zauberhafte/r Grusel-
forscher/in. Deine freche Hexe Flatterschreck

Ort, Datum

# diplom

Herzlichen Glückwunsch, nach deinem mutigen
Eintauchen in die Welt von Hexen und Zauberern
bist du nun ein/e wahrhaft zauberhafte/r Grusel-
forscher/in. Deine freche Hexe Flatterschreck

Ort, Datum

# diplom

Herzlichen Glückwunsch, nach deinem mutigen Eintauchen in die Welt von Hexen und Zauberern bist du nun ein/e wahrhaft zauberhafte/r Gruselforscher/in. Deine freche Hexe Flatterschreck

Ort, Datum

# diplom

Herzlichen Glückwunsch, nach deinem mutigen Eintauchen in die Welt von Hexen und Zauberern bist du nun ein/e wahrhaft zauberhafte/r Gruselforscher/in. Deine freche Hexe Flatterschreck

Ort, Datum

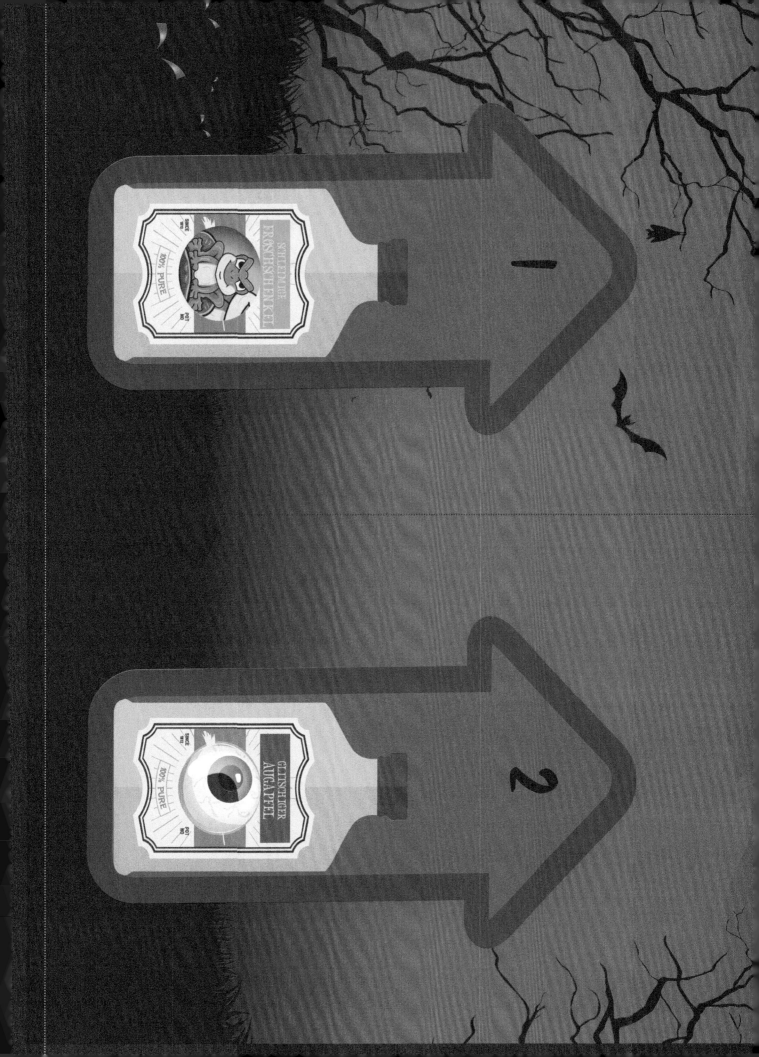

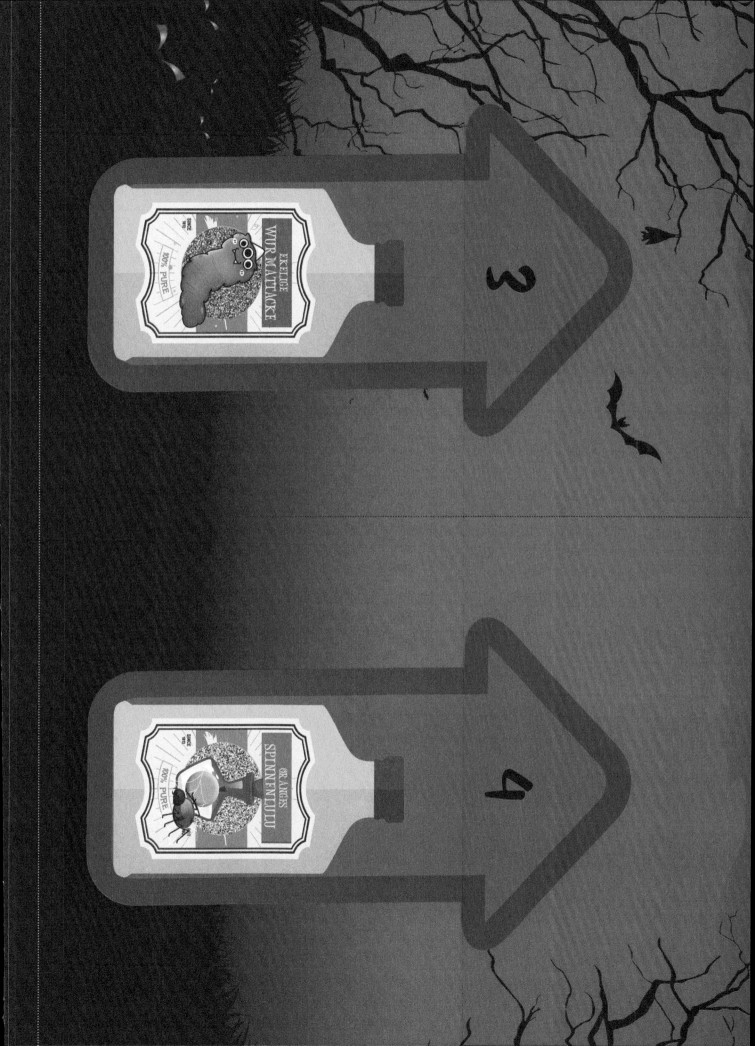

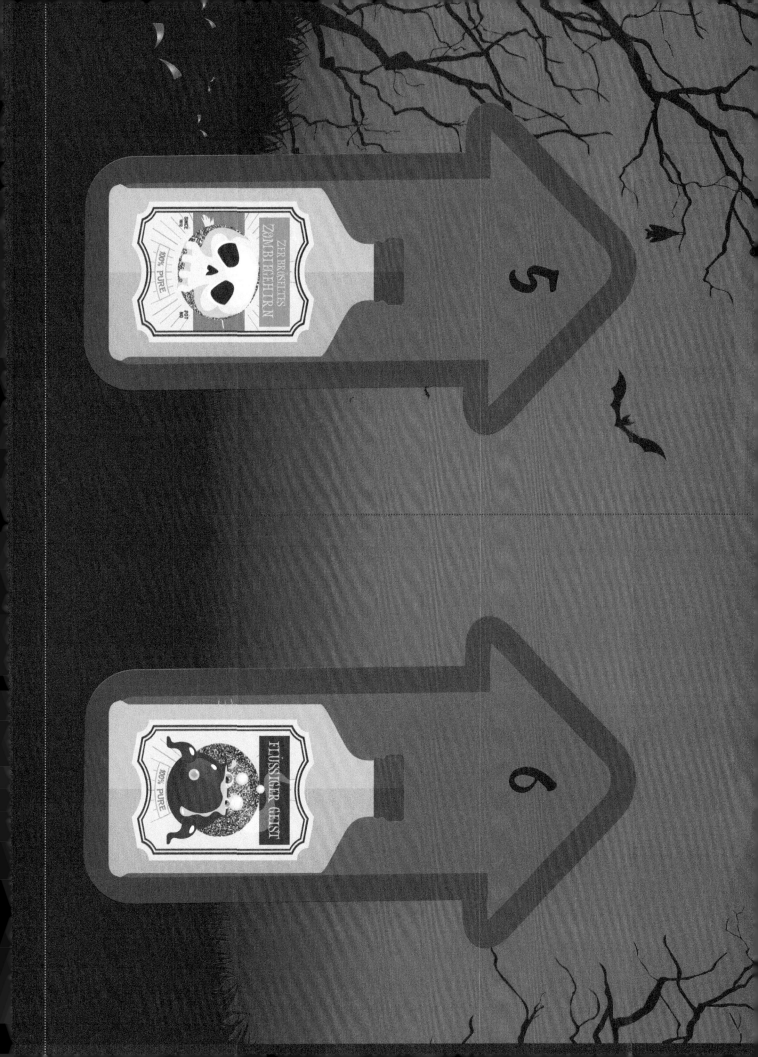

# BasteLanleitung Zauberstäbe

Einfache magische Zauberstäbe selber basteln

Sie benötigen:
• bunte und glitzernde Wolle
• eine Schere
• stabile Äste (ca. 30cm lang)
• eventuell eine Heißklebepistole und Perlen bzw. andere Deko

Wickeln Sie ein bisschen Faden um den Anfang des Astes und verknoten Sie diesen. Schneiden Sie das Ende des Fadens ganz kurz ab und umwickeln Sie dann einfach den Knoten mit der Wolle (verfahren Sie so mit jedem Anfang und jedem Ende).
Nun sind Ihren Ideen keine Grenzen gesetzt. Glitzer-Wolle sieht besonders magisch aus.

Wenn Sie den Stab noch verzieren möchten, dann benötigt man eine Heißklebepistole, mit der man einfach Perlen usw. befestigen kann.

# Einladungen

Es spricht natürlich nichts gegen fertige Einladungskarten.
Wenn Sie jedoch Lust und Zeit haben gemeinsam mit Ihrem Kind, ein
bisschen kreativ zu sein, ist eine Möglichkeit, die immer funktioniert,
z.B. die folgende: Lassen Sie das zukünftige Geburtstagskind eine
Vorlage ausmalen. Sie werden sehen, wieviel Freude Ihr Kind beim
Gestalten haben wird.

Kopieren bzw. vervielfältigen Sie diese einfach entsprechend der Anzahl der Gäste.
Nur noch den Namen des Gastes per Hand einfügen
und – voila - fertig ist die selbstgemachte Einladung!
Eine Kopiervorlage finden Sie auf der Homepage.
Einfach mit dem QR-Code downloaden.

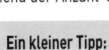

**Einladung**
Bist du bereit für einen Spezialauftrag?

Komm am: _____ um _____ Uhr

Treffpunkt: _____
_____

Diese Einladung ist für:
_____

Und kommt von:
_____

**Ein kleiner Tipp:**
Überlegen Sie, ob Elternteile auch
mit eingeladen werden sollen oder ob Ihnen
von den anderen Eltern wer helfen kann/soll.

# EinladungsListe

_____

_____

_____

_____

_____

_____

_____

_____

ZUTATEN finden
ZAUBERTRANK brauen
ZAUBERSPRUCH aussprechen
SCHATZ erhalten

Wenn du mit uns gemeinsam das Abenteuer
bestehen willst, dann gib mir bitte Bescheid
bis zum

Datum: _____

Kontakt: _____

Dein/e: _____

EINLADUNG

ZUTATEN finden
ZAUBERTRANK brauen
ZAUBERSPRUCH aussprechen
SCHATZ erhalten

Wenn du mit uns gemeinsam das Abenteuer
bestehen willst, dann gib mir bitte Bescheid
bis zum

Datum: _____

Kontakt: _____

Dein/e: _____

EINLADUNG

## Krötenschleim und Fliegendreck –
## Wer hat meine Zutaten versteckt?

Bald schlägt es 12 und es ist Geisterzeit, doch kein Zaubertrank steht bereit! Bist du bereit, gemeinsam mit der kleinen Hexe Flatterschreck das Abenteuer zu bestehen?

Komm am _____

um _____

zum Treffpunkt:

_____

_____

_____

Ich freue mich auf dich.

## Krötenschleim und Fliegendreck –
## Wer hat meine Zutaten versteckt?

Bald schlägt es 12 und es ist Geisterzeit, doch kein Zaubertrank steht bereit! Bist du bereit, gemeinsam mit der kleinen Hexe Flatterschreck das Abenteuer zu bestehen?

Komm am _____

um _____

zum Treffpunkt:

_____

_____

_____

Ich freue mich auf dich.

ZUTATEN finden
ZAUBERTRANK brauen
ZAUBERSPRUCH aussprechen
SCHATZ erhalten

Wenn du mit uns gemeinsam das Abenteuer
bestehen willst, dann gib mir bitte Bescheid
bis zum

Datum: —————————————————

Kontakt: —————————————————

Dein/e: —————————————————

EINLADUNG

ZUTATEN finden
ZAUBERTRANK brauen
ZAUBERSPRUCH aussprechen
SCHATZ erhalten

Wenn du mit uns gemeinsam das Abenteuer
bestehen willst, dann gib mir bitte Bescheid
bis zum

Datum: —————————————————

Kontakt: —————————————————

Dein/e: —————————————————

EINLADUNG

## Krötenschleim und Fliegendreck – Wer hat meine Zutaten versteckt?

Bald schlägt es 12 und es ist Geisterzeit, doch kein Zaubertrank steht bereit! Bist du bereit, gemeinsam mit der kleinen Hexe Flatterschreck das Abenteuer zu bestehen?

Komm am _____

um _____

zum Treffpunkt:

_____

_____

_____

Ich freue mich auf dich.

## Krötenschleim und Fliegendreck – Wer hat meine Zutaten versteckt?

Bald schlägt es 12 und es ist Geisterzeit, doch kein Zaubertrank steht bereit! Bist du bereit, gemeinsam mit der kleinen Hexe Flatterschreck das Abenteuer zu bestehen?

Komm am _____

um _____

zum Treffpunkt:

_____

_____

_____

Ich freue mich auf dich.

ZUTATEN finden
ZAUBERTRANK brauen
ZAUBERSPRUCH aussprechen
SCHATZ erhalten

Wenn du mit uns gemeinsam das Abenteuer
bestehen willst, dann gib mir bitte Bescheid
bis zum

Datum: ———————————————

Kontakt: ———————————————

Dein/e: ———————————————

EINLADUNG

---

ZUTATEN finden
ZAUBERTRANK brauen
ZAUBERSPRUCH aussprechen
SCHATZ erhalten

Wenn du mit uns gemeinsam das Abenteuer
bestehen willst, dann gib mir bitte Bescheid
bis zum

Datum: ———————————————

Kontakt: ———————————————

Dein/e: ———————————————

EINLADUNG

## Krötenschleim und Fliegendreck –
## Wer hat meine Zutaten versteckt?

Bald schlägt es 12 und es ist Geisterzeit, doch kein Zaubertrank steht bereit! Bist du bereit, gemeinsam mit der kleinen Hexe Flatterschreck das Abenteuer zu bestehen?

Komm am _____

um                _____

zum Treffpunkt:

_____

_____

_____

Ich freue mich auf dich.

## Krötenschleim und Fliegendreck –
## Wer hat meine Zutaten versteckt?

Bald schlägt es 12 und es ist Geisterzeit, doch kein Zaubertrank steht bereit! Bist du bereit, gemeinsam mit der kleinen Hexe Flatterschreck das Abenteuer zu bestehen?

Komm am _____

um                _____

zum Treffpunkt:

_____

_____

_____

Ich freue mich auf dich.

ZUTATEN finden
ZAUBERTRANK brauen
ZAUBERSPRUCH aussprechen
SCHATZ erhalten

Wenn du mit uns gemeinsam das Abenteuer
bestehen willst, dann gib mir bitte Bescheid
bis zum

Datum: ————————————————

Kontakt: ————————————————

Dein/e: ————————————————

EINLADUNG

ZUTATEN finden
ZAUBERTRANK brauen
ZAUBERSPRUCH aussprechen
SCHATZ erhalten

Wenn du mit uns gemeinsam das Abenteuer
bestehen willst, dann gib mir bitte Bescheid
bis zum

Datum: ————————————————

Kontakt: ————————————————

Dein/e: ————————————————

EINLADUNG

# Krötenschleim und Fliegendreck – Wer hat meine Zutaten versteckt?

Bald schlägt es 12 und es ist Geisterzeit, doch kein Zaubertrank steht bereit! Bist du bereit, gemeinsam mit der kleinen Hexe Flatterschreck das Abenteuer zu bestehen?

Komm am _____

um _____

zum Treffpunkt:

_____

_____

_____

Ich freue mich auf dich.

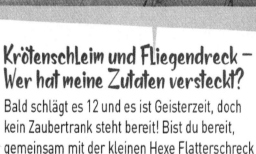

# Krötenschleim und Fliegendreck – Wer hat meine Zutaten versteckt?

Bald schlägt es 12 und es ist Geisterzeit, doch kein Zaubertrank steht bereit! Bist du bereit, gemeinsam mit der kleinen Hexe Flatterschreck das Abenteuer zu bestehen?

Komm am _____

um _____

zum Treffpunkt:

_____

_____

_____

Ich freue mich auf dich.

ERINNERUNGEN

# Hurra! Wir haben es gemeinsam geschafft!

Wir haben gefeiert am:

_____

Das hat mir besonders gut gefallen:

_____

_____

_____

_____

_____

_____

# Diese Freunde waren mit dabei und haben das Diplom bekommen:

1. _____
2. _____
3. _____
4. _____
5. _____
6. _____
7. _____
8. _____

# Erinnerungsseite von meinem/r Freund*in:

Name: _____

Meine Zeichnung für dich:

# Erinnerungsseite
## von meinem/r Freund*in:

Name:
_____

Meine Zeichnung für dich:

# Erinnerungsseite
## von meinem/r Freund*in:

Name:
_____

Meine Zeichnung für dich:

# Erinnerungsseite
## von meinem/r Freund*in:

Name:
_____

Meine Zeichnung für dich:

# Erinnerungsseite
## von meinem/r Freund*in:

Name: _____

Meine Zeichnung für dich:

# Erinnerungsseite von meinem/r Freund*in:

Name:
_____

Meine Zeichnung für dich:

# Erinnerungsseite
# von meinem/r Freund*in:

Name:
_____

Meine Zeichnung für dich:

# Erinnerungsseite von meinem/r Freund*in:

Name:
_____

Meine Zeichnung für dich:

# Versteckliste

| Punkt | Rätsel | Versteck |
|---|---|---|
| 1 | **DIE SCHATZKARTE** | |
| 2 | **RÄTSEL NR. 1** | |
| 3 | **RÄTSEL NR. 2** | |
| 4 | **RÄTSEL NR. 3** | |
| 5 | **RÄTSEL NR. 4** | |
| 6 | **RÄTSEL NR. 5** | |
| 7 | **RÄTSEL NR. 6** | |
| 8 | **RÄTSEL NR. 7** | |
| 9 | **DIE SCHATZKISTE** | |

# Versteckideen

| Versteck Draußen | Hinweis auf das Versteck |
| --- | --- |
| Gefaltet in (Mauer-)Ritzen stecken | Das Haus hat viele davon und man kann sie streichen. |
| Unter Steinen o.ä. deponieren | Es ist sehr schwer und muss hochgehoben werden. |
| Unter der Fußmatte | Wenn man nach Hause kommt, tritt man drauf. |
| Im Postkasten | Der Mann mit dem gelben Auto steckt etwas hinein. |
| Am Baum aufhängen | Ein Vogel baut gerne sein Nest darauf. |
| Hinter einem Strauch | Der Osterhase versteckt manchmal seine Eier dort. |
| In der Garage | Wir parken dort unser flottes Auto. |

| Versteck Drinnen | Hinweis auf das Versteck |
| --- | --- |
| Im Backrohr | Ich werde sehr heiß und bin in der Küche. |
| Unter dem Teppich | Ich liege am Boden und mache den Raum schön. |
| Am WC Deckel | Wenn du Pippi machen musst, hebst du mich hoch. |
| In der Bestecklade | Ich liege dort, wo etwas Scharfes liegt, mit dem man sich verletzen kann. |
| In aufgeblasene Luftballons verstecken | In mir steckt sehr viel Luft und ich hänge irgendwo im Raum. |
| Unter den Sessel kleben | Du kannst dich mit deinen 4 Buchstaben auf mich setzen. |

# Danke!

**Meine lieben Schatzsucher!**
Sie wünschten sich, dass die Seiten perforiert wären. Ich auch, aber das ist leider bei dieser Form der Veröffentlichung der Bücher nicht möglich. Danke, dass Sie dazu bereit sind, selbst Hand anzulegen. Wenn Ihnen das Buch gefallen hat, dann freue ich mich sehr über eine freundliche Rezension. Gerne freue ich mich auch über Anregungen und Wünsche. Senden Sie dazu ein Email an: info@bravo-birgit.at.

## Bonus

Mit diesem QR-Code können Sie
- Dekomaterial
- Einladungen
- Urkunden

usw. kostenfrei downloaden.

## Lösungen

1 Frosch

2 Augapfel

3 Würmer

4 Orange

5 Zucker

6 Grün bzw. Lila

7 Zitrone

6x Schlange
4x Fisch
3x Schildkröte
9x Frosch

Der Strich beim Mund fehlt.
Ein Auge ist blau.
Die Augenbraue fehlt.
Die Zähne sind größer.
Der Stängelansatz oben fehlt.

# LÖSUNGSCODE FÜR DIE SCHATZKISTE

Bitte ausschneiden und auf die Schatzkiste kleben.
Aufkleber 1: Wenn Sie den **SIRUP** als Zutat gewählt haben.
Aufkleber 2: Wenn Sie die **LEBENSMITTELFARBE** als Zutat gewählt haben.

Aufkleber 1: CODE **SIRUP**

Aufkleber 2: CODE **LEBENSMITTELFARBE**

# Deko für's Essen

Essensdeko können Sie mit dem QR-Code anfordern.

Printed by Amazon Italia Logistica S.r.l.
Torrazza Piemonte (TO), Italy

53703404R00045